Direction de la publication :
Isabelle Jeuge-Maynart et Ghislaine Stora
Direction éditoriale : Émilie Franc
Responsable d'édition : Bethsabée Blumel
Mise en page : Nord Compo
Lecture-correction : Nord Compo
Illustrations : Thinkstock et Shutterstock (règle 6)
Couverture : Sandra Personnelli
Fabrication : **Donia Faiz - Émilie Latour**

ISBN 978-2-03-601993-5

Les Éditions Larousse utilisent des papiers composés de fibres naturelles, renouvelables, recyclables et fabriquées à partir de bois issus de forêts qui adoptent un système d'aménagement durable. En outre, les Éditions Larousse attendent de leurs fournisseurs de papier qu'ils s'inscrivent dans une démarche de certification environnementale reconnue.

PAPIER À BASE DE FIBRES CERTIFIÉES

LAROUSSE s'engage pour l'environnement en réduisant l'empreinte carbone de ses livres. Celle de cet exemplaire est de :
250 g éq. CO_2
Rendez-vous sur www.larousse-durable.fr

Achevé d'imprimer en Espagne par UNIGRAF SL
Dépôt légal : février 2022
330082/01 - 11049025 - janvier 2022

Les **50 règles d'or** de l'autorité tranquille

Nina Bataille

LAROUSSE

21 rue du Montparnasse 75283 Paris Cedex 06

COMPRENDRE L'AUTORITÉ TRANQUILLE EN 10 POINTS CLÉS

1. **L'autorité tranquille** n'est pas un mythe ! 8
2. **Ni autoritarisme** ni dressage ! 10
3. **La figure d'autorité** : le père ou la mère ? 12
4. Petite leçon d'**assertivité** 14
5. Faites-vous **confiance** 16
6. Faites preuve d'**écoute** et de **réciprocité** 18
7. Soyez **exemplaire** 20
8. Expliquez **le sens des règles** 22
9. **Élaborez** les règles ensemble 24
10. Assumez **les frustrations** que votre autorité suscite 26

SES BIENFAITS POUR LES PARENTS

11. Évitez de vous **épuiser** 28
12. Gagnez en **efficacité** 30
13. Instaurez de la **coopération** 32
14. Transformez **les bonnes habitudes** en automatismes 34

COMMENT DÉVELOPPER VOTRE AUTORITÉ TRANQUILLEMENT ?

15. Restez **calme** dans la tempête 36
16. Donnez des **consignes** plutôt que des interdits 38
17. Fixez les règles **à l'avance** 39
18. Distinguez **devoirs, droits et loisirs** 40
19. Mixez **obligations** et **plaisirs** ! 42
20. **Comment savoir** si l'on est juste 43
21. Valorisez **ses bons comportements** 44
22. Utilisez la phrase « **magique** » ! 45
23. Déjouez **l'agressivité** ! 46
24. **Claquez** des doigts ! 48
25. **Le silence** vous donne du pouvoir ! 50
26. Utilisez la **communication paradoxale** ! 52

27. Dites **NON** de façon aimante et douce 54
28. Soyez **efficace** sans effort ! 55
29. Faites **respecter** le rôle de chacun 56
30. Faites respecter le **besoin d'identité** 58

LES BIENFAITS DE L'AUTORITÉ TRANQUILLE POUR VOTRE ENFANT

31. **Protégez** votre enfant 60
32. Transformez « **je dois** » en « **je choisis** » 62
33. **Apprenez-lui** à « ne pas lâcher » 64
34. Définissez des **zones de liberté** 65

S'ADAPTER EN FONCTION DE L'ÂGE ET DE LA SITUATION DE VOTRE ENFANT/ADO

35. **Non !** 66
36. Face à l'enfant **opposant** entre 6 et 11 ans 68
37. Faire face à la **crise d'ado** 70
38. Tenez bon sur **les limites** avec vos ados 72
39. Sanctionnez **justement** 74
40. Et si vous preniez **un peu de recul** ? 75
41. Quand on **élève seul** son enfant 76

FACE À UN GROUPE D'ENFANTS/ D'ADOS

42. Tout se joue dans les **vingt premières secondes** 78
43. N'hésitez pas à **rappeler les règles** 79
44. Repérez les « **leaders** » 80
45. Sanctionnez **individuellement** 81

LES ERREURS À NE PAS COMMETTRE !

46. Vous avez **crié** ? 82
47. Bannissez la **fessée** 84
48. Halte à l'**enfant roi** 86
49. Soyez **constant** 87
50. Distinguez le **besoin du caprice** 88

L'autorité tranquille n'est pas un mythe !

Est-ce que tout le monde a de l'autorité ? NON ! Est-ce que tout le monde peut apprendre à avoir une certaine forme d'autorité tranquille ? OUI !

Pas toujours évident de vous faire obéir par vos enfants ? Vous vous demandez s'il est possible d'avoir de l'autorité sans crier ? Pour faire obtempérer vos enfants, vous utilisez souvent la punition ? Pas de découragement ! Vous pouvez apprendre à gagner en « autorité tranquille ».

L'AUTORITÉ NATURELLE, UN DON ?

Les parents qui ont de l'autorité sur leurs enfants seraient-ils dotés d'un don ? Chez eux, tout semble fluide et facile, pas un mot plus haut que l'autre. **Ces parents ont une forme de charisme, ils en « imposent ».** Parfois, leur seule présence force le respect des autres, un peu comme maître Yoda dans *La Guerre des étoiles* !

Leur secret ? L'autorité tranquille est une façon d'être vis-à-vis de l'autre. C'est une influence naturelle qui s'exerce de façon implicite. C'est une forme d'autorité juste, respectée par les autres : c'est le bon équilibre entre « écraser et s'écraser ». C'est aussi une forme de confiance en soi : je sais ce qui est bon pour mes enfants, je tiens bon, même si cela ne leur fait pas toujours plaisir. C'est moi leur père/mère.

SENTEZ-VOUS LÉGITIME !

- **Avoir de l'autorité,** c'est être profondément convaincu que ce que vous demandez est juste ; votre enfant doit sentir que vous ne vacillerez pas.
- **En adoptant cette posture,** en choisissant bien vos mots, vous allez gagner en autorité naturelle, et du même coup, en sérénité.
- **Si vous doutez :** l'enfant ne va pas y croire et votre légitimité pour lui imposer des règles sera mise à mal.

Ni autoritarisme ni dressage !

La notion d'autorité n'est pas forcément claire dans notre société.

Entre « c'est comme ça et c'est pas autrement », et « il est interdit d'interdire », difficile de s'y retrouver...

CE QUE N'EST PAS L'AUTORITÉ

1. **L'autorité n'est pas autoritarisme ou un comportement autoritaire**, où l'on impose ses règles, ses vues, sans tenir compte de quoi que ce soit, ni de qui que ce soit. Peu importe les circonstances, l'âge ou la personnalité des enfants. Cette posture est quelque peu « dictatoriale », on impose des règles comme on le ferait pour « dresser » un animal, de façon parfois violente verbalement.

Caractéristiques : un vocabulaire très tranché ne laissant aucune marge de manœuvre, une recherche de pouvoir, de contrôle : « il faut, tu dois, c'est absolument obligatoire, c'est formellement interdit ». Tout ceci peut même être dit en hurlant…

2. **Ce n'est pas non plus l'absence de repères et de limites**, la « bienveillance pour la bienveillance » en toutes circonstances.

Caractéristiques : la peur de faire mal, la culpabilité, la crainte d'étouffer la personnalité de ses enfants, la peur de ne pas être aimé.

CE QU'EST L'AUTORITÉ

L'autorité, c'est se faire respecter ou faire respecter des règles, de façon ferme et bienveillante : oui, ferme ET bienveillante !

On a tendance à opposer les deux pensant qu'une personne ayant de l'autorité doit agir de « façon autoritaire », telle La Reine de cœur dans *Alice au pays des merveilles*. Tandis qu'une personne bienveillante doit nécessairement être « gentille et douce », voire laxiste, tel Baloo dans *Le Livre de la jungle* !

Luttez contre les idées reçues ! Il est tout à fait possible d'être bienveillant ET d'avoir de l'autorité.

La figure d'autorité : le père ou la mère ?

Question récurrente de parents : comment l'autorité se partage-t-elle entre le père et la mère ?

Jusqu'en 1970, l'autorité était patriarcale. Dans l'inconscient collectif, le père « fouettard » imposait le silence et les enfants ne remettaient pas en cause ses ordres. L'obéissance passait par une domination physique et morale. La mère consolatrice, quant à elle, devait faire preuve de douceur et d'empathie.

PÈRE ET MÈRE DOIVENT-ILS EXERCER LA MÊME AUTORITÉ ?

De nos jours, l'égalité des rapports hommes-femmes a engendré une autorité aussi bien féminine que masculine. De fait, **l'autorité est devenue plus mixte, la discussion est venue compléter les règles imposées,** l'enfant est ainsi « autorisé » à s'exprimer, comme une personne à part entière.

Pères et mères se partagent l'autorité sur leurs enfants, y compris en cas de divorce. Et ce n'est pas chose facile, c'est celui qui agit qui incarnera l'autorité sur l'action en question : qui va suivre les devoirs et les résultats scolaires ? Qui va s'assurer que le partage des tâches collectives est bien appliqué par les enfants ? Qui veillera sur les horaires de sortie, l'heure du coucher ?

Pour les parents, cela demande plus d'efforts pour s'entendre sur un certain nombre de règles communes, sous peine de voir les enfants s'engouffrer dans les brèches de leurs désaccords. Être sur la même longueur d'onde au sein du couple, c'est favoriser le respect des règles par les enfants.

EXERCICE À FAIRE À DEUX :

Listez huit règles primordiales, chacun de votre côté. Mettez-les en commun et n'en retenez que cinq. Annoncez ces règles familiales à vos enfants !

Petite leçon d'assertivité

L'autorité naturelle est comme une force tranquille, une confiance en soi.

L'assertivité, qu'èsaquo ?!!

L'assertivité, concept introduit par le psychologue Andrew Salter, peut se traduire par l'affirmation de soi.

L'ASSERTIVITÉ, UNE COMPÉTENCE CLÉ POUR LA VIE DE TOUS LES JOURS

L'assertivité, c'est l'art de savoir défendre ses droits ou son opinion sans passivité ni agressivité, sans volonté de domination, d'usage par la force, ni de manipulation. Avec de la pratique et de la patience, vous pouvez développer une bonne assurance personnelle et apprendre à communiquer efficacement pour vous faire respecter en douceur.

TROIS CLÉS POUR DÉVELOPPER UN COMPORTEMENT ASSERTIF

1. **Renoncez à vouloir changer vos enfants, c'est totalement vain!** Le seul être humain qui dépend de vous, c'est vous-même! C'est la seule personne que vous avez le pouvoir de changer. Modifiez vos façons de faire et vous verrez, par voie de conséquence, que vos enfants se comporteront différemment.
2. **Aimez « vos chères erreurs » :** ce sont elles qui vous font grandir... Prenez régulièrement le temps de faire votre « autocritique » : dans telle situation, qu'est-ce qui explique que je n'ai pas « réussi » ? Qu'est-ce qui n'a pas fonctionné ? Comment puis-je m'y prendre la prochaine fois ? C'est en tâtonnant que vous allez y arriver. Donnez-vous le droit de ne pas tout réussir du premier coup. C'est ainsi que l'on progresse dans la vie.
3. **Ayez comme objectif la résolution de la situation et non l'autodéfense.** Bien souvent, vos enfants et vos ados ont un problème avec la situation et non avec vous, en tant que parent. Concentrez-vous sur la situation et non sur vos ressentiments.

Faites-vous confiance

ASSUMEZ VOTRE RÔLE DE PARENT

Certains parents peuvent rencontrer des problèmes d'autorité avec leurs enfants car ils ne se font pas confiance ou manquent de repères. Ils ressentent un déficit de légitimité pour poser certaines limites à leurs enfants ou ont peur de les blesser, de ne plus être aimés.

ASSUMEZ!

Le manque de limite rend les enfants malheureux en les insécurisant : les « mini tyrans » auront beaucoup de mal à respecter les autres et seront souvent rejetés.

Imprégnée de l'idée qu'il est fondamental d'être à l'écoute de son enfant pour son épanouissement personnel, notre société semble avoir oublié que la psychanalyste Françoise Dolto disait aussi que **« les parents ont le devoir d'élever leurs enfants. »** Les enfants ont besoin de limites pour se construire harmonieusement et pour devenir des adultes matures. L'éducation, c'est permettre à l'enfant de développer toutes ses possibilités, tout en s'adaptant aux règles.

DEUX CLÉS POUR ASSUMER VOTRE RÔLE DE PARENT

1. **Dites non** : imposez des règles claires sans vous sentir obligé de tout justifier.
2. **Apprenez à supporter la frustration de vos enfants** : les enfants sont dans la pulsion. Ils recherchent avant tout leur plaisir, ce qui les amène à fuir tout ce qui est déplaisant : l'effort, les contraintes... Ne vous attendez pas à ce qu'ils fassent toujours ce qu'on leur demande avec le sourire !

Faites preuve d'écoute

et de réciprocité

AUTORITÉ VERTICALE OU HORIZONTALE ?

Autrefois, **l'autorité était verticale** : les règles étaient très strictes et peu remises en question par les enfants, les « c'est comme ça et pas autrement », les notions de hiérarchie et de respect des titres étaient omniprésents dans notre société.

De nos jours, les contraintes, les limites ne sont plus la négation de l'existence de l'autre. L'enfant a le droit de s'exprimer et les adultes pensent qu'il est capable de comprendre un certain nombre de règles, pour peu qu'on les lui explique. **L'autorité est devenue horizontale** : le fait « d'obéir au doigt et à l'œil », les règles très strictes sont remplacés par des discussions, parfois même des négociations entre adultes et enfants ou adolescents. Cette forme d'autorité est basée sur l'échange et le respect mutuel entre parents et enfants.

COMMENT CELA SE CONCRÉTISE AU QUOTIDIEN ?

- Parlez avec respect à vos enfants, prenez-les au sérieux quand ils vous confient ce qu'ils ont sur le cœur.
- Évitez les moqueries qui peuvent être blessantes et abîmer leur estime d'eux-mêmes, du type « tu ressembles à un vilain bouledogue quand tu fais la tête, tu te tiens comme une vache ». Pas très malin, non ?
- Ne soyez pas de mauvaise foi et sachez remettre en question une règle inadaptée ou obsolète.
- Apprenez-leur le pardon en leur montrant l'exemple lorsqu'une parole malheureuse vous a échappé : « J'étais très en colère tout à l'heure pour ta mauvaise note, pardon, je n'aurais pas dû dire que tu étais vraiment bête. »

Grâce à l'écoute et à la réciprocité, l'autorité des parents est reconnue par les enfants et donc renforcée.

Soyez exemplaire

vous serez crédible !

Faites ce que je fais ! Soyez cohérent et authentique. Vous avez des enfants ? Vous êtes bien placé pour savoir que les enfants n'écoutent pas très souvent ce que vous dites ! Néanmoins, ils vous observent... pour comprendre qui vous êtes !

LES NEURONES MIROIRS : L'APPRENTISSAGE DES ÉMOTIONS PAR L'OBSERVATION

Nos gestes, nos comportements ont une influence sur ce que ressentent les autres. Dans les années 1990, l'équipe du neuroscientifique Giacomo Rizzolatti découvre que lorsqu'un singe observe un mouvement, il le reproduit dans son cerveau sans pour autant accomplir ce mouvement. C'est ce qui explique le mimétisme et l'empathie. Nous apprenons en observant le comportement des autres.

La pédiatre Catherine Gueguen décode : « Pour identifier et comprendre le geste de l'autre, les cellules de notre cerveau correspondant à ce geste sont activées sans que le geste soit effectué. Les neurones miroirs sont découverts. »

D'où l'importance d'être cohérent entre ce que nous voulons, ce que nous disons et ce que nous faisons. Des parents qui chérissent leurs enfants et font preuve de patience auront toutes les chances que leurs enfants soient calmes et empathiques avec les autres.

EXEMPLES DE COMPORTEMENTS D'ENFANTS GÉNÉRÉS PAR DES COMPORTEMENTS D'ADULTES

- **Enfant envieux ?** C'est peut-être parce qu'il est trop souvent comparé aux autres : résistez à la tentation de lui demander les notes de ses camarades.
- **Il s'énerve facilement,** se met souvent en colère ? C'est peut-être qu'il a l'impression de manquer d'attention et qu'il tente maladroitement de vous faire réagir.
- **Il essaye de soumettre les autres à sa volonté ?** C'est peut-être qu'il reçoit trop d'ordres des adultes.

Expliquez le sens des règles

L'amour ne suffit pas, une autorité bienveillante et non destructrice est indispensable.

Comment s'épanouir et s'affirmer dans le respect des autres ? Pourquoi suivre des règles ?

DES REPÈRES ÉDUCATIFS

Pour grandir, l'enfant a besoin de repères éducatifs qui vont l'aider à développer toutes ses possibilités tout en s'adaptant à la vie en société.

• D'une part, les règles permettent à l'enfant de comprendre qu'« on ne fait pas n'importe quoi, n'importe où, n'importe comment ».

• D'autre part, elles permettent à l'enfant de « s'humaniser », de développer son empathie. Il apprend à se mettre à la place des autres, à ressentir les souffrances qu'il pourrait infliger à autrui.

Le rôle des parents est de transmettre, d'apprendre à leurs enfants à suivre les règles qu'eux-mêmes respectent pour vivre, sous peine de sanctions.

POURQUOI L'AUTORITÉ EST-ELLE BÉNÉFIQUE ?

Quand il se comporte mal, les parents doivent expliquer à leur enfant que son comportement n'est pas compatible avec le bien-être des autres. C'est une révélation pour l'enfant, car il pense que chacun fait ce qu'il veut, grandes personnes comprises.

L'enfant qui n'a pas de limites est angoissé car il sait qu'il a « comme un chien enragé en lui », qui peut s'emballer et que personne ne peut arrêter. Il fait des cauchemars. Il pense que les adultes ne peuvent pas le protéger. Il peut même avoir des comportements inadaptés comme prendre du plaisir à faire du mal à autrui...

Les règles rassurent les enfants.

RÈGLE 9

Élaborez les règles

ensemble

Les valeurs ont une signification personnelle pour chacun : elles inspirent nos gestes, nos décisions et elles peuvent différer d'une famille à l'autre.

LES RÈGLES, UNE QUESTION DE VALEUR?

Pour être efficaces, **les règles familiales doivent être en lien avec une valeur.**

• Prenons l'heure de rentrée : « Tu dois être à la maison pour 8 heures tous les soirs de la semaine. » En plus de servir de référence et de cadre, cette règle reflète des valeurs : le parent pourrait expliquer l'importance de la santé, des études, de la discipline personnelle, de la sécurité au sein de cette famille.

POURQUOI ÉLABORER LES RÈGLES ENSEMBLE?

Selon l'âge de l'enfant, certaines règles peuvent être décidées ensemble, ce qui leur donnera tout leur sens : quand un enfant/ado participe à élaborer le cadre dans lequel il va évoluer, il lui est plus facile de se l'approprier et d'en être le garant pour sa bonne application.

Exemples de règles à définir ensemble :

- Mettre la table. À tour de rôle pour répartir les tâches collectives : l'enfant choisit les jours de la semaine où c'est son tour.
- Respecter les horaires. L'ado et le parent se mettent d'accord sur l'heure limite pour rentrer de soirée.

MON CONSEIL

Apprenez à vos enfants à vous obéir, pas à se soumettre aveuglément à vos règles. Une règle qui a du sens offre des repères clairs aux enfants, repères sur lesquels ils pourront à leur tour s'appuyer pour établir leur propre cadre disciplinaire en grandissant.

Assumez les frustrations que votre autorité suscite

Déculpabilisez ! Tous les parents passent par les mêmes difficultés !

Tous les parents sont confrontés à **des difficultés inhérentes à l'éducation** : les enfants et les ados sont dominés par la recherche de leur plaisir « à tout prix » et par le désir d'être tout-puissants.

FUIR L'EFFORT, RECHERCHER LE PLAISIR

Les enfants vont tout faire pour fuir « l'effort et le déplaisir » et comme si cela ne suffisait pas, ils vont en permanence « tester » leurs limites ainsi que les vôtres…

Selon leur âge, ce sera plus ou moins fatigant pour vous : la fameuse crise des 2 ans (colères en série et « non » à répétition) est multipliée par dix au moment de l'adolescence !

Il vous faut résister en permanence, être sur le pont et supporter que la chair de votre chair soit frustrée, et ressente une forme de « déplaisir » quand vous lui donnez des limites.

C'est un passage indispensable pour que votre enfant devienne un adulte stable et épanoui, capable de tenir debout tout seul.

VOUS ÊTES COMME UN MAÎTRE MENUISIER AVEC SON APPRENTI

Vous devez montrer à votre enfant comment manier la scie, pour qu'il apprenne à s'en servir sans se blesser ! Évidemment, votre apprenti n'est pas content, il n'a pas toujours envie de vous obéir.

Cependant, vos consignes lui permettent de progresser sans se faire mal. Il comprend qu'en lâchant un plaisir (par exemple, couper du bois à sa guise), il va en obtenir un plus grand : la maîtrise de la découpe du bois pour confectionner n'importe quel objet. Vous ne faites que le guider, il ne subit pas de violence.

L'autorité est un mix d'amour et de frustration.

Évitez de vous épuiser

« Rien ne sert de courir, il faut partir à point ! »

L'éducation est une course d'endurance, pas un sprint.

Si l'autoritarisme est épuisant pour vous, comme pour votre enfant, l'autorité naturelle va vous permettre de ne pas vous épuiser inutilement. Comment ? Désencombrez-vous de certains préceptes !

LÂCHEZ VOS GRANDS PRINCIPES !

Exemples : cinq fruits et légumes par jour pour un enfant en bonne santé. Le petit dernier a la varicelle, votre aîné est en pleine préparation de sa compétition de foot, votre mari est en déplacement en province et vous êtes débordée au travail ? Les pâtes au jambon deux fois par semaine, c'est rapide, facile, tout le monde aime ça ! Pourquoi être plus royaliste que le roi ?

LA BIENVEILLANCE A SES LIMITES !

Exemple : « Débarrasse la table, d'accord, tu veux bien mon chéri ? » Vous donnez une consigne ? L'enfant n'a pas à être « d'accord », il est important qu'il mette la main à la pâte ! Donnez-lui cette consigne poliment ET fermement ! « Débarrasse la table, s'il te plaît ! »

N'ÉCOUTEZ PAS LES CONSEILS DES PERSONNES « BIEN INTENTIONNÉES » !

Méfiez-vous des phrases interro-négatives. C'est une manière détournée de vous dicter ce que vous devez faire : « Il est 18 h 30, tu ne crois pas qu'il est temps de donner le bain aux enfants ? »

C'est vous la mère/le père !! Coupez court à cette discussion ! « Ne t'inquiète pas, ils ont encore le temps de jouer. » Ou : « Non, je leur donne le bain à 19 heures ! ».

MOINS DE CONTRÔLE !

Exemples : les enfants doivent être polis, manger équilibré, réussir à l'école, ranger leur chambre tous les jours, se coucher tôt… **Même s'il ne réussit pas tout parfaitement, tout être humain reste une personne de valeur, échecs compris !**

Gagnez en efficacité

Soyez très clair sur votre objectif.

Par immaturité, les enfants et les ados peuvent avoir tendance à ne rien lâcher, juste comme ça, par principe ! Vous êtes l'adulte : sachez faire la part des choses entre ce qui mérite d'être soumis à une règle dont vous ne dérogerez pas et ce qui n'a finalement pas tant d'importance que ça. Pas la peine de sortir de vos gonds à chaque occasion. Vous allez gagner en sérénité et en efficacité !

PRÉFÈRES-TU AVOIR RAISON OU ÊTRE HEUREUX ? TU NE PEUX PAS AVOIR LES DEUX !

Cette phrase peut être difficile à comprendre, surtout si on est aux prises avec des principes éducatifs inculqués par nos parents, que l'on reproduit automatiquement, sans y avoir vraiment réfléchi (ex. : un enfant doit avoir des légumes verts tous les jours et ne jamais manger avec ses doigts), ou que cela touche notre ego (ex. : ma fille de 10 ans ne veut plus m'embrasser devant ses amies, mon fils de 15 ans me trouve « has been »).

C'est pourtant une phrase très efficace quand on n'arrive pas à faire la part des choses. Évidemment, cela demande beaucoup d'humilité. Mais cette posture vous sera très utile avec vos enfants et vos ados. Surtout quand ils commencent à vouloir s'affirmer de façon… pas toujours très diplomate !

TENEZ BON

Votre ado hurle qu'il vous déteste car il ne peut pas garder son téléphone dans sa chambre la nuit ? Dans cette situation, tenez votre position, ne surenchérissez pas et laissez-le s'agiter, le temps que la pression redescende. Il sera alors temps d'avoir une discussion avec lui.

Instaurez de la coopération

Coups de main et participation aux tâches collectives : commencez le plus tôt possible, plus vos enfants sont petits, plus ce sera facile à mettre en place.

• Pour inciter vos enfants à participer aux tâches collectives et autres coups de main, le vocabulaire que vous employez est capital.

• Évitez de parler de « tâches ménagères » ou, pire, de « corvées », il est bien plus motivant d'évoquer les « tâches collectives ou familiales » avec l'idée qu'elles dépendent naturellement de tous les membres de la famille et pas d'une personne qui serait en charge de l'astiquage et des courses...

• **Bénéfices :** Pour les parents : s'alléger de certaines contraintes et être plus disponibles pour leurs enfants. Pour les enfants : contribuer à l'effort collectif, se sentir responsables.

• Six règles simples à instaurer dans votre famille :

1. **Les parents n'ont pas du tout la vocation de faire** toutes les tâches familiales.
2. **Les parents remplissent les tâches principales** de bon cœur car ils le font au service de leur famille.
3. **Tous les membres de la famille vont en faire de même,** car cette famille est comme une équipe dans laquelle chacun a son rôle à jouer.
4. **Distribuez précisémen**t une ou plusieurs tâches à chacun (selon son âge et ses capacités).
5. **Assurez-vous** que ces tâches sont effectuées régulièrement.
6. **Amusez-vous** autant que possible ! Exemples : ranger la maison en musique ; instaurer des challenges comme ramasser l'herbe que papa vient de tondre et celui qui en ramasse le plus a gagné ! Faire la cuisine tous ensemble.

MON CONSEIL

Responsabilisez et valorisez vos enfants. Au lieu de dire « tu dois », dites « Je te nomme responsable des serviettes de table : les apporter à table et les ranger en fin de repas. »

Transformez les bonnes habitudes en automatismes

Pour être crédible et conforter votre autorité, veillez à la bonne application des consignes.

Quand vous donnez des responsabilités à vos enfants, tout n'est pas fluide dès le début, il faut vérifier régulièrement que « c'est fait », il faut vous « répéter ». **Tenez bon, cela vaut le coup, les habitudes vont finir par être prises.**

Toute la famille en sera gagnante : les adultes seront soulagés de ne pas avoir à tout faire et, contrairement aux craintes de certains parents, les enfants finiront par se sentir valorisés. **Ils seront fiers de sentir qu'ils sont utiles et qu'ils peuvent rendre service.**

EXEMPLES DE CE QU'UN ENFANT PEUT FAIRE EN FONCTION DE SON ÂGE

- **2 à 3 ans** : ranger ses jouets dans un coffre, mettre ses vêtements dans le panier à linge sale.
- **4 à 5 ans** : faire son lit, ranger sa chambre, mettre la table, essuyer la vaisselle.
- **6 à 7 ans** : vider le lave-vaisselle, peler des légumes, faire une salade.
- **8 à 9 ans** : suspendre et plier des vêtements propres, cuire des œufs, promener le chien.
- **10 à 11 ans** : nettoyer la salle de bains, passer l'aspirateur, préparer un repas simple, tondre la pelouse.
- **12 ans et plus** : laver la voiture, peindre les murs, préparer un repas complet, garder des enfants plus petits.

N'ALLEZ PAS VOIR VOS ENFANTS INDIVIDUELLEMENT

« Est-ce que c'est toi qui doit mettre la table ? ». Évidemment, ce n'est jamais le tour de personne… Il est nettement plus responsabilisant de demander : « À qui est-ce le tour ? » Car dans ce cas, c'est à eux de se désigner.

Parfois, il est utile de rappeler que si la table n'est pas mise, personne ne peut dîner puisque vous ne pouvez pas servir le repas…

Restez calme dans la tempête

Neutralité, fermeté, sérénité !

S'ancrer, c'est s'enraciner dans le sol, dans le réel, dans le présent, c'est aussi sortir de ses pensées et prendre conscience de son corps dans son intégralité. C'est sortir sa conscience de sa tête… et l'installer dans ses pieds.

À VOUS DE JOUER !

- Effectuez six mouvements de respiration abdominale pour vous détendre.
- Imaginez que des racines sortent de vos pieds et commencent à s'enfoncer dans le sol.
- Sentez vos pieds bien « enracinés » dans le sol.

Variante :

- Si vous avez déjà pratiqué l'accrobranche, « s'ancrer », c'est un peu comme quand vous vous laissiez complètement aller dans un baudrier pour descendre en tyrolienne.

NE VOUS EXPOSEZ PAS À LA CONFRONTATION !

Vous risquez alors de vous mettre en colère et cette émotion forte va vous empêcher de bien réfléchir avec votre cortex ! Si vous vous énervez, vous avez « perdu », votre précieux self-control va vous quitter et à partir de là, difficile de réagir intelligemment !

Exemples d'attitudes qui vous aident à rester serein :

– « Non, désolé, ce n'est pas possible » (à dire d'un ton neutre).

– Donnez votre avis sur le comportement de l'enfant mais pas sur ce qu'il est : « Je ne suis pas d'accord avec ce que tu as dit/fait. » au lieu de « Tu es stupide ou quoi ?! ».

GÉREZ VOTRE STRESS AVANT DE GÉRER CELUI DE VOS ENFANTS

Souvent, au-delà de leur comportement, c'est ce que vous pensez de vos enfants qui vous agace. Gérez votre propre stress avant de gérer celui de vos enfants car la tension peut venir de vous avant tout.

Donnez des consignes plutôt que des interdits

Dites ce que vous souhaitez obtenir (et non pas ce que vous ne voulez pas) !

Nous avons tendance à formuler les choses de façon négative et nous obtenons l'inverse de ce que nous voulons ! Exemple : si je vous dis « Ne pensez pas aux vacances », à quoi avez-vous pensé ?!

Apprenez à formuler des consignes positives :

Ne dites pas ce que vous ne voulez pas :

- Clara, arrête de gesticuler !
- Arrête de pleurer !
- Ne dis pas ça !

Dites plutôt :

- Clara, reste assise sur cette chaise !
- Tu es déçu(e) ? Tu veux un câlin ?
- Comment pourrais-tu demander autrement ?

Félicitez votre enfant quand il arrive à rester calme dans une situation qui aurait pu dégénérer.

Fixez les règles à l'avance

Apprenez à perdre du temps pour en gagner !

Oui, vous êtes débordé(e) et cela vous prendra un peu de temps de réfléchir aux règles que vous souhaitez mettre en place. Cela s'appelle « savoir perdre du temps pour en gagner ». Soyez-en convaincu(e) : il est toujours plus facile de faire appliquer des règles énoncées à l'avance que d'avoir à les donner dans le feu de l'action, voire de s'en servir pour « recadrer » un enfant.

Autre exemple, vous gagnerez en sérénité en prévenant votre enfant qu'il a le droit de faire quatre tours de manège, en décomptant avec lui le nombre de tours restants, plutôt que d'avoir à gérer sa crise quand il ne voudra plus quitter l'avion qui monte et qui descend tout seul…

Un enfant averti en vaut deux ! Prévenez et informez votre enfant.

Distinguez devoirs, droits et loisirs

Les devoirs avant les loisirs

• **Les devoirs**, c'est ce que nous sommes obligés de faire et que nous devons accepter de faire.
• **Les droits** sont des règles qui précisent ce que nous pouvons faire et ce que nous pouvons exiger.
• **Les loisirs**, c'est par exemple le temps libre dont on dispose en dehors des occupations imposées, et que l'on peut utiliser à son gré.

UNE QUESTION DE PRIORITÉ

Les adultes ont des droits (voter, s'exprimer librement, bénéficier de la sécurité sociale) qui s'accompagnent de devoirs (respecter les lois, les autres et l'environnement, payer ses impôts). En général, les enfants ne suivent pas leurs parents sur le lieu de travail ou ne se rendent pas compte de l'aspect rébarbatif de certaines tâches (refaire une carte d'identité, remplir une déclaration d'impôts, etc.).

Du coup, ils ont parfois du mal à se rendre compte de tous les « DEVOIRS » de leurs parents. Et ils en déduisent que les adultes ont surtout des droits, qu'ils confondent d'ailleurs avec la notion de loisirs : choisir leurs repas, décider de ce qu'ils peuvent acheter, décider de l'heure à laquelle ils peuvent aller se coucher !

C'est pourquoi il est très important de rappeler aux enfants et aux ados que les adultes ont des DEVOIRS, des DROITS et des LOISIRS, **tout comme les enfants ont des DEVOIRS, des DROITS et des LOISIRS. Oui, dans cet ordre-là : des devoirs, des droits et des loisirs !**

Ainsi, les enfants doivent faire leurs devoirs avant de jouer aux jeux vidéo, doivent ranger leur chambre avant de sortir jouer au foot, etc.

Attention, au retour de l'école, il est tout à fait normal de faire une petite pause et de prendre un goûter avant de se mettre à ses devoirs (goûter n'est pas un loisir mais un besoin physiologique).

Mixez obligations et plaisirs !

Ça rend la vie plus gaie !

Pensez bien à fixer à la fois des règles liées au bon déroulement de la vie de famille, la sécurité des enfants, etc. ET aussi à créer des règles positives, juste pour le plaisir ! C'est ce que cette bonne vieille Mary Poppins appelait « la cuillerée de sucre qui aide à faire passer le médicament ». **Associer contraintes et plaisir permet de mieux faire passer les obligations.**

OBLIGATIONS	PLAISIRS
• Faire ses devoirs en rentrant de l'école.	• Dîner une fois par semaine devant la TV.
• Débarrasser la table le mardi, le jeudi et le samedi.	• Se faire un ÉNORME bisou pour bien commencer la journée.
• À 18 h 30, se doucher et mettre ses vêtements dans le panier à linge.	• Séance de cinéma en famille : une fois par mois !

Comment savoir si l'on est juste

ou injuste ?

Pas de recette toute faite pour savoir si l'on est juste ou injuste.

Alors, comment s'y retrouver ? **Une décision est juste quand on l'assume même si ses conséquences sont négatives. On est alors en paix avec sa décision.**

- **Vous êtes juste :** quand vous mettez une limite que n'importe quel parent aurait mise à un enfant dans les mêmes conditions : « Pas de bonbon avant d'aller se coucher. »
- **Il y a des chances pour que vous soyez injuste :** quand la règle imposée n'a pas évolué avec l'âge de l'enfant, ou qu'elle dépend de vos « lubies » personnelles, de votre mauvaise humeur, ou de l'éducation transmise sans remise en question alors qu'elle n'est plus d'actualité. Exemple : « Il faut manger du foie de veau une fois par semaine, c'est bon pour la santé. »

Valorisez ses bons comportements

« J'aime bien quand tu... »

C'est assez « humain » et sans doute très « français » : nous sommes plus enclins à souligner ce qui ne va pas que les bons comportements de nos enfants !

Pour que votre autorité soit respectée, pour donner envie à vos enfants de continuer à suivre vos règles, vous devez être juste et encourageant. Vous renforcerez ainsi une conduite positive et nourrissez sa confiance en lui.

Pour renforcer un comportement :

- « J'aime bien quand tu débarrasses ton assiette sans que je te le demande. »
- « J'aime bien quand tu dis merci quand je sers ton plat préféré. »

Pour renforcer l'estime de soi :

- « J'ai bien aimé quand tu as raconté ta journée : j'ai compris ce que tu faisais à l'école. »
- « J'ai bien aimé quand tu as inventé une blague, c'était très drôle. »

Utilisez la phrase « magique » !

Faites croire à votre enfant que c'est lui qui décide tout en laissant planer le doute : s'il ne fait pas ce que vous lui demandez, il y aura des conséquences ennuyeuses pour lui…

« À ta place, je rangerais ma chambre tout de suite, mais fais comme tu veux… » Les premiers temps, lorsque vous utilisez cette phrase, votre enfant s'exécute car il ne veut pas prendre de risque.

En grandissant, il va vous pousser un cran plus loin. Mais comme vous êtes prévenu(e), vous allez préparer votre sens de la répartie :

« Ah, ouais, et qu'est-ce qui se passera si je ne le fais pas ?

– Eh bien, c'est simple, je ne suis pas d'accord pour que tu reçoives ton copain Hugo dans une chambre en désordre, donc j'annule l'invitation. »

Et là, votre petit amour s'exécutera (en grommelant, bien sûr !).

RÈGLE 23

Déjouez l'agressivité !

Gérez un enfant qui cherche à instaurer un rapport de force pour avoir le dessus.

L'AGRESSIVITÉ PEUT PRENDRE DES FORMES DÉFENSIVES OU OFFENSIVES

En voici quelques exemples :

- **Culotté ?** Il prend beaucoup de place, on dirait qu'il est en terrain conquis, il se permet ce qu'il veut.
- **Arrogant ?** Il prend des airs supérieurs ? Il considère qu'il a plus de droits que les autres et peu de devoirs.
- **Ses apprentissages scolaires passent au second plan ?** Il résiste aux règles, se met dans un rapport de force. Ses professeurs le punissent ou vous convoquent mais cela n'a aucun effet sur son comportement, il semble s'en ficher. Il s'arrange pour en faire le moins possible : l'effort le fatigue, ce n'est vraiment pas pour lui !

• **Un peu manipulateur ?** Il négocie, ment, est impertinent, prend parfois des airs de « fausse victime ».

Si vous reconnaissez votre enfant, c'est qu'il est peut-être un peu « dominant » (selon l'approche neurocognitiviste). Il se comporte ainsi de façon inconsciente. Il n'est pas volontairement culotté, paresseux ou manipulateur. Instinctivement, il a naturellement confiance en lui et se vit comme « un peu supérieur aux autres ».

Pour lui, il est tout à fait normal d'avoir plus de droits que de devoirs envers ses camarades, professeurs ou parents.

SOYEZ FERME TOUT EN ÉVITANT DE LE JUGER, DE LUI « COLLER UNE ÉTIQUETTE »

• « **C'est non** et c'est toujours non. »
• Rappelez-lui **les règles**, calmement et fermement.
• **Évitez d'argumenter.** Moins vous argumenterez, moins il s'opposera.
• **Évitez de donner de l'attention** au comportement négatif. Dans la mesure du possible, appliquez l'ignorance intentionnelle.

Claquez des doigts !

Vos actes sont plus forts que vos paroles : se faire écouter sans même avoir à parler.

Le langage du corps représente 93 % de notre communication : 55 %, nos gestes et comportements ; 38 %, le ton et le rythme de notre voix. Nos paroles nous permettent d'exprimer seulement 7 % de nos messages. **Comment utiliser le langage du corps dans les postures d'autorité ?**

1. CLAQUEZ DES DOIGTS !

• Jules s'apprête à quitter la maison sans son cartable ? Au lieu d'une grande tirade du genre : « Jules, ce n'est pas bien d'oublier ton cartable, reviens immédiatement le prendre, tu te rends compte, si je n'étais pas là, tu te serais fait gronder par ta maîtresse… », pointez simplement le cartable du doigt, claquez des doigts et dites avec un sourire : « Cartable ! » Tellement plus agréable et efficace !

• **Votre ado est complètement avachi à table et se jette sur les plats pour se servir en premier** dans un dîner de Noël, réunissant grands-parents, tantes, oncles, cousins et cousines : **un regard insistant ou un hochement de tête** vous sera d'une grande aide pour faire passer votre message sans le reprendre d'une façon humiliante, devant tout le monde.

2. REGARD ACÉRÉ ET TON TRÈS FERME

• Emma s'approche pour monter sur la table basse du salon, alors qu'elle sait pertinemment qu'on ne grimpe pas sur les meubles.

Tenez-vous bien droit, bombez un peu le buste et regardez-la fixement, silencieusement et très calmement. Vous pouvez même croiser les bras pour renforcer cette posture d'autorité.

Attendez quelques secondes, elle va se raviser ou tenter de briser ce silence pesant :

« Ben quoi ?!

– D'après toi ? »

Renvoyez-lui sa question d'un ton très ferme : elle sait très bien qu'elle est en tort et va vite passer à autre chose.

RÈGLE 25

Le silence vous donne du pouvoir !

BLUFFANT ! COMMENT SE FAIRE ÉCOUTER SANS MÊME AVOIR À PARLER ?

Nous avons tendance à trop parler. Or, si la parole est d'argent, le silence est d'or ! Le silence est un positionnement intérieur et une force. Difficile à acquérir mais lorsque l'on sait être silencieux, alors on sait écouter le silence et entendre ce qui s'y murmure. D'où l'intérêt d'être à l'aise avec le silence et savoir l'utiliser à bon escient, de manière positive.

QUE VOUS APPORTE LE SILENCE ?

- Il vous protège des réactions à chaud.
- Il vous permet d'observer votre enfant pour comprendre ce qui l'habite.
- Il permet à votre enfant de se projeter, de réfléchir.

COMMENT UTILISER LE SILENCE ?

1. **Pour marquer le coup, pour asseoir votre autorité quand votre enfant fait n'importe quoi :** restez

les bras croisés et fixez-le de votre regard, calmement et fermement. Ne dites pas un mot. Nous avons tous déjà fait l'expérience d'une personne qui garde le silence et la sensation qui s'ensuit, de vide, d'incompréhension, et de projection. Pourquoi ? Parce que sans les mots, l'autre imagine. Et ce que l'on s'imagine est souvent bien pire que la réalité. Alors finalement, il est intéressant de comprendre que celui qui garde le silence est celui qui maîtrise. L'autre subit. Votre enfant va se sentir un peu gêné et s'arrêter de lui-même.

2. Pour mieux écouter votre enfant, attendez qu'il élabore ses propres réponses quand il vous confie quelque chose d'important. Quand votre enfant vient vous parler d'un problème, ne l'interrompez pas, laissez-lui le temps de se poser des questions, de réfléchir et de trouver des solutions par lui-même.

RÈGLE 26

Utilisez la communication paradoxale !

Dites l'inverse de ce que vous diriez naturellement !

Vous avez l'impression de manquer d'autorité avec vos enfants ? Votre bon sens et votre logique vous semblent inopérants ? Et bien essayez donc l'inverse ! Nous sommes victimes de modes de pensées cartésiens, utiles pour réparer une machine ou résoudre un problème mathématique mais inefficaces pour traiter des problèmes « ultra compliqués » comme les questions humaines !

- **Vous ne savez pas comment faire vis-à-vis d'un enfant ? Déléguez-lui la solution !**

Votre chère tête blonde ne veut pas faire ses devoirs, vous sentez bien que cela va être compliqué ce soir... Dites le lui : « Je ne sais pas pourquoi, mais je sens que je ne vais pas être capable de te mettre au travail, je te demande conseil : qu'est-ce qui pourrait te donner envie ? » Il va sans doute trouver une solution et s'y mettre. S'il ne joue toujours pas le jeu : « Ben, j'sais pas, moi. » Répondez lui du tac au tac : « et bien fais comme si tu savais. Allez, au travail ! »

• **Il ne veut pas faire sa dictée ? Qu'il prenne la place du maître ! C'est vous qui allez écrire...** avec un maximum de fautes d'orthographe ! Il n'aura plus qu'à les corriger. Atmosphère détendue garantie !

• **À deux mois du bac, il ne travaille pas suffisamment ? Osez dire :**
« Vas-y, surtout ne fais rien, c'est ta vie, tu as raison, pas besoin de ton bac pour poursuivre les études que tu souhaites et faire le métier de tes rêves. »

SOYEZ IMPRÉVISIBLE !

Parfois, un comportement illogique, voire déraisonnable, va surprendre votre enfant/ado et débloquer de façon fructueuse une situation apparemment sans issue !

RÈGLE 27

Dites NON de façon aimante et douce

Aimeriez-vous vous avoir comme parent ?!

Réfléchissez bien, si la réponse est oui, tout va bien ! Si la réponse est non… il est peut-être temps de revoir certaines petites choses dans votre façon de faire !

• **Quand vous dites non, pas la peine de crier,** pas la peine de chercher à rabaisser. Parfois, épuisé(e) par votre travail et votre quotidien, vous dites « non » de façon automatique, sèche et dure, ce qui peut faire peur à votre enfant.

• **Quand vous dites non, dites-le de façon aimante et douce,** votre message n'en sera que mieux compris. L'affection et la complicité sont indispensables à l'autorité car l'enfant qui se sent aimé et respecté est disposé à coopérer.

• **Évitez de dire toujours « non ».** Proposez-lui plutôt des choix. S'il joue avec un ballon dans la maison : « Que dirais-tu de jouer dehors ? », « Que pourrait-on faire avec ce ballon dehors ? ».

Soyez efficace sans effort !

« J'ai quelque chose d'important à te dire. »

Vous avez tout essayé ? Rien ne fonctionne avec vos chers enfants ? C'est peut-être que vous en faites trop, du coup, vous êtes tendu(e), et plus rien ne fonctionne…

Essayez l'inverse ! Voici une astuce qui ne demande que très peu d'efforts ! Vous allez adorer !

Quand votre enfant n'écoute rien, approchez-vous de lui doucement et dites :

« Écoute, j'ai quelque chose de très important à te dire mais je ne vais pas te le dire maintenant car tu n'es pas assez attentif. Je te le dirai quand tu seras disponible. »

En agissant ainsi, vous créez du désir chez votre enfant. **Et quand il y a désir, il y a ouverture, envie !** C'est magique, votre enfant va immédiatement se rendre disponible et attentif ! Vous essayez ce soir ?!

Faites respecter le rôle de chacun

Ne déléguez pas votre autorité.

Pour mettre la discorde dans une famille, il n'y a rien de pire que d'établir du flou sur les rôles de chacun. Quand tout le monde est perdu, cela risque vite de devenir la jungle : chacun essayant de tirer la couverture à lui ou de défendre son territoire des attaques des autres.

À CHACUN SA PLACE !

Ne demandez jamais à un enfant d'exercer votre autorité à votre place. Par exemple, **faites bien attention de ne pas demander à l'aîné de jouer le rôle des parents**. Soyez vigilant car les aînés peuvent avoir tendance à vouloir « faire leur chef », dès que l'occasion se présente. Ils sont particulièrement enclins à répéter les recommandations qu'ils entendent de la part de leurs parents. Par exemple, à table, Sarah dira à ses petites sœurs, sur un ton moralisateur : « Ne mettez pas vos coudes à table et tenez-vous droites ! »

Pour autant, vis-à-vis des petites, l'aînée n'a pas la légitimité pour imposer ces règles, ce qui risque de générer des récriminations du type : « Tais-toi, tu n'es ni maman ni papa ! » Pour garder l'harmonie en famille, **les parents doivent lui rappeler que ce sont eux qui donnent les règles**.

DANS LE CAS DES DEVOIRS

Il est vraiment indispensable d'éviter qu'un enfant ne se substitue à l'autorité d'un adulte. Si le grand veut aider le petit à faire ses devoirs, c'est valorisant pour lui de jouer son rôle de grand frère. Mais il n'a pas à donner d'ordre, ni prendre le pouvoir, sinon, cela devient vite de l'autoritarisme !

Dans ce cas, insistez bien sur le fait qu'il s'agit d'aider l'autre à progresser en lui offrant ses conseils, ses compétences, son temps et surtout sa patience.

RÈGLE 30

Faites respecter le besoin d'identité

En grandissant, le besoin d'intimité devient de plus en plus important.

Tout petit, l'enfant a besoin d'un espace propre qui peut être tout simplement une boîte avec ses jouets. À partir d'un certain âge, l'enfant veut un petit univers à lui et souhaite un endroit pour s'isoler dans son monde quand il en éprouve la nécessité.

FRONTIÈRES ET LIMITES

Avoir son propre espace contribue à forger l'identité de votre enfant, ce qu'il a d'unique en lui. C'est surtout vrai à l'entrée en sixième, quand l'enfant a besoin de calme pour faire ses devoirs. Et cela devient encore plus important au moment de la puberté, pour des raisons évidentes. Si vous avez la possibilité d'offrir sa propre chambre à chacun de vos enfants, c'est idéal. S'ils doivent partager une même chambre, délimitez un espace pour chacun.

GARE AUX RANCŒURS !

Théo, 10 ans, rentre chez lui, après avoir passé l'après-midi chez son meilleur ami. Quelle n'est pas sa stupeur quand il découvre que son petit frère a profité de son absence pour détruire son village en Lego, qu'il avait passé plusieurs heures à construire, c'est juste inadmissible ! Il éclate en sanglots…

Sa mère lui explique que ce n'est pas grave, qu'il saura bien le refaire… Mais Théo reste inconsolable…

Ce soir, c'est décidé, il ira voler quelques figurines à son petit frère et les jettera par la fenêtre qui donne sur la rue, de façon à ce qu'elles soient définitivement perdues.

LE DÉCODAGE DU COACH

C'est aux parents de veiller à ce que les enfants aient bien leur propre espace et leurs jouets identifiés et c'est encore aux parents de veiller à ce que ces limites soient bien respectées.

RÈGLE 31

Protégez votre enfant

pour l'aider à bien grandir

L'autorité est protectrice et sécurisante pour votre enfant. Elle lui permet de mieux maîtriser les risques.

LES BIENFAITS DE L'AUTORITÉ

Sans autorité, sans règle, la santé physique et/ou psychologique d'un enfant peut être en danger. **Vous ne pouvez pas protéger votre enfant de tous les dangers qui l'entourent. Néanmoins, vous pouvez lui apprendre certains gestes, certaines règles simples pour** appréhender les risques qu'il court et la manière de les surmonter.

- **Pour le tout-petit,** il s'agit, bien sûr, de le surveiller étroitement, de ne pas laisser à sa portée ce qui peut être dangereux pour lui, puis, peu à peu, de l'aider à faire des progrès et de l'accompagner dans sa découverte du monde.
- **À partir de 5-6 ans,** votre enfant peut commencer à pratiquer certains sports comme le roller, le VTT,

le ski ou l'équitation. Apprenez-lui à s'équiper des protections nécessaires : casque, protège-poignets, coudières et genouillères, et surveillez-le.

- **Vers 10 ans,** votre enfant va circuler tout seul dans votre ville ? Enseignez-lui les principales règles du code de la route. Expliquez-lui combien il est important qu'il les respecte pour veiller lui-même à sa sécurité et devenir autonome.
- **À l'adolescence,** 80 % des jeunes de 17 ans déclarent avoir consommé de l'alcool au cours du dernier mois. Pour le cannabis, c'est 30 %. Mieux vaut en parler régulièrement et rappeler la loi : à ce jour, l'usage de stupéfiants peut être puni d'un emprisonnement d'un an et d'une amende de 3 750 euros.
- **Donnez-leur aussi quelques règles simples :** éviter les rues désertes la nuit, rentrer au domicile à l'heure dite. Les fêtes d'ados sans un minimum d'informations sur le lieu et les amis présents : c'est non !

RÈGLE 32

Transformez « je dois » en « je choisis »

Responsabilité et autonomie

« Qu'est-ce qui ne dépend que de toi ? » L'intérêt de cette approche est de responsabiliser votre enfant/ado, de lui apprendre l'autonomie. Il comprend l'intérêt de certaines tâches et il réalise qu'elles ne dépendent que de lui (méthodologie issue de l'approche neurocognitive et comportementale).

1. « Si tu ne vas pas à l'école, quelles seraient les conséquences négatives pour toi ? »

Faites énumérer à votre ado tous les désagréments qu'il imagine s'il ne va pas à l'école. En général, les enfants/ados, qui n'ont pas envie de faire quelque chose, n'ont pas envie de subir les désagréments qui vont avec ! Ils vont donc se rendre compte qu'il est nécessaire d'aller à l'école pour éviter ces conséquences négatives. Mais ce n'est qu'une première étape. Vous allez maintenant les faire basculer de l'obligation au plaisir !

2. « Et maintenant, peux-tu me dire ce que tu fais par plaisir à l'école ? »

À ce stade, votre enfant/ado va faire la liste des choses agréables et sans contrainte pour lui, il sera plus ouvert d'esprit. C'est le moment de passer à la dernière étape !

3. « Et maintenant, qu'est-ce que tu vas faire qui ne dépend que de toi…

… pour avoir le plus de chances d'obtenir ce que tu veux ? Car c'est TA vie ».

Là, vous faites passer votre enfant de « je dois », (pas très motivant ni responsabilisant) à « je choisis ».

Vous allez alors accompagner votre enfant/ado dans la recherche de moyens :

- travailler mon français une heure, trois fois par semaine ;
- me mettre au premier rang pour mieux me concentrer en cours ;
- est-ce que papa ou toi serez d'accord pour me faire réviser, si j'en ai besoin ?

RÈGLE 33

Apprenez-lui à « ne pas lâcher »

dans les moments difficiles

L'autorité, c'est aussi rappeler à son enfant de ne pas abandonner au premier obstacle quand il s'engage : c'est ainsi qu'il apprendra la persévérance.

Ne baissez pas les bras s'il ne veut plus aller à la guitare ou au foot : il a commencé, qu'il aille jusqu'au bout. Un enfant averti en vaut deux : prenez bien soin de fixer les règles à l'avance car il faudra les lui rappeler quand il sera fatigué ou découragé.

Mille fois, il a failli abandonner... et mille fois ses parents lui ont rappelé un de leurs grands principes d'éducation : « Quand on commence quelque chose, on s'y tient, on va jusqu'au bout de son apprentissage de cuisinier, même s'il faut se lever très tôt le matin, même s'il faut travailler dur. »

Aujourd'hui, Cyril Lignac remercie ses parents !

Définissez des zones de liberté

tout en posant un cadre et des limites !

Bien adapté, un cadre protège votre enfant tout en lui donnant des permissions. Et c'est grâce à cela qu'il lui est possible de s'épanouir. Quand les règles ne sont pas simplement du contrôle mais surtout un soutien et un contenant, l'enfant se sent pousser des « ailes robustes ».

Posez des limites, définissez des zones de liberté pour lâcher le contrôle et laissez de l'autonomie.

Exemple : votre fille de 13 ans veut sortir au cinéma avec ses amies pour la première fois. Vous donnerez votre accord si elle vous indique : ses horaires de départ et de retour à la maison, les noms des amies avec qui elle va au cinéma et le titre du film. À partir de là, elle peut commencer à goûter à la liberté des sorties entre amies !

Non !

Ou la crise d'opposition des 2 ans.

Vers 2 ans, l'enfant commence à être plus autonome et à exprimer ses volontés et ses désirs. Cela peut entraîner une confrontation avec son entourage. C'est une période difficile, car il doit apprendre à connaître ses propres limites et celles des autres.

Quand vous refusez une demande de votre enfant, expliquez-lui pourquoi. S'il est fâché ou triste, il est important qu'il sente que vous êtes là pour lui. Dites-lui que, malgré votre refus, vous comprenez sa colère.

COLÈRES ET FRUSTRATIONS : « JE VEUX UN BONBON ET UN JOUET TOUT DE SUITE ! »

Votre tout-petit se roule par terre... Il a repéré les « crocodiles qui piquent ». Il les veut tout de suite ! Vous lui avez dit « non » gentiment, mais il ne veut rien savoir, crie, hurle, se roule par terre, sous le regard désapprobateur de certains clients... **C'est clairement une crise d'opposition** ! Il teste vos limites... et met vos nerfs à rude épreuve... C'est tout à fait normal : ils passent tous par cette phase.

Restez ferme en lui expliquant calmement que vous n'achèterez pas ces bonbons aujourd'hui (mais pourquoi pas un autre jour ?) : « Je comprends ta colère, je n'ai pas prévu d'acheter cela aujourd'hui. On va à la caisse. » S'il continue à hurler (il ne va peut-être pas lâcher si facilement !), prenez-le dans vos bras et serrez-le doucement contre vous quelques instants : en le « contenant », vous l'aidez à contenir sa colère. Il va progressivement se calmer.

Ne craquez pas : votre enfant en conclurait qu'il peut obtenir de vous ce qu'il veut.

MESSAGE CLÉ

Ces crises vont sans doute se reproduire durant quelques mois, même si c'est dur pour vous, cela fait partie de son développement. Tenez bon.

Face à l'enfant opposant entre 6 et 11 ans

« Je mettrai pas mes chaussures ! »

En ce moment, votre enfant est assez insolent. On dirait qu'il n'a qu'un but : tester vos limites et vous provoquer. À force, le climat n'est pas très serein à la maison. Il se fait gronder, punir... Vous voulez bien faire preuve de patience, mais parfois c'est trop.

Décodage : il a besoin de s'affirmer. Votre enfant se détache peu à peu de vous. Il réalise qu'il a une pensée différente de la vôtre et cherche à affirmer sa personnalité.

À FAIRE :

• Soyez ferme, c'est vous l'adulte, c'est vous qui décidez, rappelez-le-lui.
• « Tu ne peux pas faire ça. Je comprends que tu ne sois pas d'accord, mais c'est comme ça. Ce

n'est pas toi qui décides. Je vais au bureau et je ne veux pas être en retard, mets tes chaussures. »

- Amenez-le à se projeter dans l'avenir : « Ce soir, tu pourras marcher pieds nus. »

VERS 8 ANS, COMMENCEZ À L'AUTONOMISER ET LE RESPONSABILISER

Pour répondre à son besoin naissant d'indépendance, laissez-le choisir le film du samedi soir, sa tenue vestimentaire, expliquez-lui comment s'organiser sur ses devoirs (les leçons difficiles doivent être travaillées trois fois par semaine alors que certains exercices qu'il maîtrise peuvent être réalisés rapidement) et contrôlez qu'il a bien joué le jeu un jour sur deux, puis un jour sur trois.

FACE AUX PROVOCATIONS, RÉAGISSEZ

Pour tenir bon, répétez très calmement les règles, en regardant votre enfant dans les yeux. « Pas de gros mots dans notre famille, c'est bien clair ? »

Faire face à la crise d'ado

Soyez une référence et une protection.

Tiraillé entre sa quête d'autonomie et sa peur de l'inconnu, sa recherche de limites et son opposition quasi systématique, **l'adolescent est un paradoxe**.

JAUGER LE RAPPORT DEMANDE D'AUTONOMIE/MATURITÉ

Face à ses comportements, ses parents sont souvent confus. Est-il assez responsable pour avoir un scooter ? Pour partir en vacances avec ses copains ? Faut-il le laisser faire ? Faire à sa place ? Contrôler ? Pourquoi le curseur est-il si difficile à placer ?

Ils ont besoin de nous pour les protéger, les encadrer, donner du sens à leur vie. L'adolescent a besoin de s'affirmer, de se détacher de nous. S'il est important de lâcher du lest, la liberté totale est anxiogène pour lui : il n'est pas encore capable de se rendre compte de tous les dangers qui l'entourent, de veiller à sa sécurité en toutes circonstances (son cerveau est encore immature).

Il est primordial que vous encadriez tout ce qui concerne sa sécurité et son bon développement : horaires de sortie, prévention sur l'alcool et les drogues, encadrement de l'usage des réseaux sociaux, etc.

ON PEUT COMPRENDRE SES DÉSIRS SANS FORCÉMENT ÊTRE D'ACCORD

Il faut le lui dire en lui imposant des limites. « Je comprends que tu aies envie de regarder des séries mais tu as 13 ans, pas question que tu regardes celles interdites au moins de 16 ans pour le moment, certaines images pourraient te choquer. »

L'exemplarité encore et toujours... Leur question n'est pas seulement « Pourquoi devrais-je obéir à telle règle ? » mais « Et toi ? Es-tu à la hauteur de ce que tu préconises ? ». L'exemplarité est encore plus importante qu'avant. Faites preuve de cohérence.

RÈGLE 38

Tenez bon sur les limites avec vos ados

tout en lâchant un peu de lest

L'autoritarisme, le « c'est comme ça et pas autrement », risque d'être contre-productif et d'engendrer replis, rébellions, colères...

COOPÉREZ

Il est nécessaire d'impliquer votre ado dans la recherche de solutions pour le responsabiliser. Pour répondre à son besoin de s'affirmer, il faut que votre ado soit associé de plus en plus à la définition des règles de façon à ce qu'ils se les approprient.

Si nous restons dans le contrôle, comment peut-il se sentir capable ? Il est important de lui laisser une marge de négociation, sinon, vous allez rentrer dans la guerre et l'opposition, et abîmer votre relation.

Impliquer l'ado dans la recherche de solutions lui permet d'acquérir les compétences essentielles pour devenir autonome comme le respect de l'engagement ou la résolution de problème. Cela implique de se sentir concerné par ses préoccupations : si votre ado se sent écouté, il sera plus enclin à écouter nos attentes.

EXEMPLES

« Quand tu fais tes devoirs, tu peux utiliser ton portable pour chatter avec tes copains et leur poser des questions. Ceci étant dit, pour bien te concentrer sur les leçons difficiles, je souhaite que tu le mettes en mode *Avion*, au moins une heure par jour. Ainsi, tu ne seras pas dérangé par 30 textos. »

À force de tâtonnements, d'évolution des règles en fonction de sa maturité et des preuves de confiance qu'il vous donnera en retour, votre ado va devenir adulte. **Les règles seront de moins en moins nombreuses.**

Sanctionnez justement

Les sanctions doivent être logiques et avoir un lien avec le comportement inapproprié.

Les sanctions responsabilisent et constituent un excellent apprentissage pour l'enfant.
• Choix : *Soit tu arrêtes de faire du bruit avec ton crayon, soit tu me le donnes.*
• Respect d'une demande ferme et bienveillante : *Quand tu tapes avec tes pieds, cela dérange ton frère qui a besoin de calme pour ses devoirs. Je te demande d'arrêter.*
• Réflexion : *Qu'est-ce qui pourrait t'aider à penser à apporter tes affaires de sport ?*

Inversement, les punitions n'ont rien à voir avec le comportement de l'enfant et, par conséquent, sont vécues comme injustes, entraînant rancœur, rébellion ou baisse d'estime de soi : *Une assiette cassée ? Puni de jeux vidéo pendant une semaine !*

Et si vous preniez un peu de recul ?

Ma règle ou ma limite est-elle raisonnable ?

Faites la part des choses. D'où viennent vos règles ? Ont-elles toutes un sens pour vous ?

Exemple : « Un enfant ne doit pas prendre la parole à table avant que les adultes ne l'y aient invité. »

Quelles sont les règles non négociables ?

- Mon enfant de 6 ans ne doit pas regarder un écran après 20 heures.
- Mon ado de 16 ans doit rentrer avant minuit.

Y a-t-il des règles qui peuvent être revues, en fonction du moment (parlez-en à votre conjoint) de façon à lâcher prise et éviter les rapports de force ?

- Tant pis pour les repas équilibrés en vacances, le principal est de passer du bon temps tous ensemble.
- Mon ado a 13 ans, il n'est pas obligé de rentrer directement après le collège, il peut discuter une heure avec ses copains avant de rentrer.

RÈGLE 41

Quand on élève seul son enfant

Gérez autorité et charge mentale.

Près de 1,5 million de mères élèvent leurs enfants seules, tandis que le nombre de pères solo va *crescendo*.

FAMILLE MONOPARENTALE :

Quand on travaille et qu'on assure 75 % de l'éducation des enfants dont on a la garde, il n'est pas facile de rester toujours calme et disponible. Après une dure journée, il n'est pas étonnant de craquer et de crier parce qu'on manque de patience au moment des devoirs, par exemple.

Inutile de culpabiliser, une fois la sérénité retrouvée, mieux vaut expliquer la situation à ses enfants qui peuvent très bien la comprendre : **« Je me suis emporté(e) car c'est dur de vous élever seul(e), j'ai vraiment besoin que vous coopériez. »**

À l'adolescence, les choses se corsent : face à son fils, une mère ne pourra endosser les rôles de mère et de père. Une des solutions est d'aider cet homme en devenir à grandir, en acceptant qu'il aille en pension, par exemple.

QUAND L'UN DES PARENTS N'EST PAS LÀ...

Malheureusement, il arrive que l'un des parents soit décédé. Dans ce cas, il est important que le père ou la mère parle à son enfant de l'absent(e) ce qu'il/elle aurait pensé de son comportement. Cela permettra de faire vivre la mémoire du parent absent et de le rendre un peu vivant auprès de l'enfant.

Par ailleurs, quand il s'agit d'un père manquant, il est important que la mère rappelle ce qu'il aurait dit dans telle situation : « Ton père n'est pas là, mais je t'interdis de faire cela car il en aurait été fort mécontent. » Ainsi, la mère fait comprendre à l'enfant ce qu'est la loi : personne ne peut être tout-puissant, même pas elle qui ne fait pas la loi en toutes circonstances, puisqu'elle rappelle un interdit qui ne vient pas d'elle.

RÈGLE 42

Tout se joue dans les vingt premières secondes

Le langage du corps est décisif.

En plus de vos enfants, vous devez garder vos deux neveux et trois nièces cet après-midi ? Ou encore, vous avez eu la bonne idée d'inviter quinze enfants pour fêter l'anniversaire de Louise ?

Pas de panique ! Voici quelques clés pour assurer !

Si vous êtes « trop gentil » dès le début, si vous manquez d'assurance, les enfants vont tout de suite le sentir et s'engouffrer dans la brèche ! C'est un comportement normal et humain. La première impression se forge dès les premières secondes, sans parler, uniquement en « captant » le langage non verbal de l'autre.

Imposez-vous tout de suite en réunissant votre petit groupe et en leur indiquant les quelques règles de bon fonctionnement. **Utilisez votre regard et adoptez une posture ferme : les enfants vont tout de suite comprendre !**

N'hésitez pas à rappeler les règles

Une main de fer dans un gant de velours

Vous devez encore garder vos deux neveux et vos trois nièces ? **Vous pensez que ce n'est pas la peine de leur rappeler les règles de bon fonctionnement ? Erreur !**

Les règles doivent toujours être rappelées (que ce soit auprès d'un ou plusieurs enfants, d'ailleurs). Soyez clair, donnez-leur le cadre, sans hésitation. Lorsque les règles, exigences ou attentes sont fixées dès le début, les enfants s'y tiennent plus facilement.

Action, réaction ! Pensez à annoncer les sanctions s'ils ne les respectent pas. Attention, s'ils les transgressent et que votre réaction ne vient pas ou si elle tarde, ils vont en profiter et ce sera plus difficile pour vous d'avoir de l'autorité auprès d'eux !

RÈGLE 44

Repérez les « leaders »

La règle des trois minutes

« Je ne comprends pas, à l'anniversaire de Paul, tout allait bien et tout d'un coup, cela a été le bazar. » Vous n'avez rien vu ? Après deux minutes, Jules a enfreint la consigne, ensuite, Hugo et Zoé l'ont suivi, car ils ont remarqué que Jules n'a pas été pris sur le fait par l'adulte et ensuite, tout s'est enchaîné en un effet domino.

C'est inévitable, dans les trois minutes qui suivent une consigne, un des enfants va enfreindre ladite consigne ! Peu importe ce que vous demandez, un ou des enfants vont être attirés vers le côté obscur de l'obéissance !

Le truc qui instaure l'autorité ! Dans les trois minutes qui suivent une consigne énoncée, attrapez le premier qui l'enfreint afin de le stopper net dans son élan et de renforcer la consigne mentionnée plus tôt auprès de tous les enfants.

Sanctionnez individuellement

Faites la part des choses.

Dans le cas où la consigne donnée a été enfreinte, il est parfois injuste et contre-productif de sanctionner tout le groupe.

• **Prenez le fautif à part.** Mathis a découvert le gâteau d'anniversaire dans la cuisine... et l'a entamé, tout seul dans son coin. Approchez-vous de lui doucement et dites-lui que ce gâteau doit être partagé avec tous les enfants. Puisqu'il a déjà pris sa part, il attendra que tous soient servis, pour en avoir une autre !

• **Rappelez la consigne devant tout le monde si elle concerne tous les enfants.** Théa et Léa ont déniché un ballon et viennent de lancer une partie de foot au milieu du salon. Les autres suivent le mouvement ! « Théa et Léa : STOP, pas de foot dans le salon ! ET c'est valable pour vous autres ! »

RÈGLE 46

Vous avez crié ?

C'est la faute au cerveau reptilien !

Pas toujours évident de garder son calme... Pourtant, pour garder le contrôle sur la situation et exercer son autorité « tranquillement », **il est fondamental de faire preuve de self-control**.

L'EXPLICATION DES NEUROSCIENCES

Selon l'ANC (approche neurocognitive et comportementale, www.neucognitivisme.fr), **la sérénité est la capacité de réguler ses émotions**, gérer une situation complexe ou faire preuve d'empathie dépend du **cortex préfrontal**, situé juste derrière nos yeux.

Quant au **cerveau reptilien**, situé à l'arrière de notre tête, il est le **garant de notre instinct de survie**, c'est grâce à lui que nous respirons instinctivement ou retirons notre main instantanément si nous sentons une chaleur intense, pour nous éviter de nous brûler. **Mais le stress siège aussi dans cette partie-là du cerveau...** Dès que votre ego est touché : vous réagissez de façon agressive ! Par exemple, votre enfant remet en cause votre autorité en hurlant, vous tapant ou vous insultant. Or, quand le cerveau reptilien **est aux commandes, il prend le contrôle sur tout le reste de votre cerveau, néocortex compris !**

C'est pourquoi il est si difficile d'avoir des réactions intelligentes, d'exercer une autorité tranquille, dès lors que la colère monte ou que le stress est là.

Alors, comment faire pour se reconnecter à son néocortex ? Pour le savoir, voir la règle n° 15.

POUR INFO

Le néocortex arrive à maturité vers l'âge de 25 ans... Pas étonnant que nos enfants et nos ados aient beaucoup de mal à réguler leurs émotions fortes !

RÈGLE 47

Bannissez la fessée

Si cela vous défoule, cela ne résout rien.

La fessée génère de la crainte mais certainement pas le respect de votre enfant. Par ailleurs, elle provoque un traumatisme.

LES SÉQUELLES DES CHÂTIMENTS CORPORELS

• **Rappelons-nous que la fessée est une « exception française ».** Comme s'en indigne la pédiatre Edwige Antier : « Le mot "fessée" n'existe pas dans les autres pays. La Suède, qui a légiféré depuis trente ans, a vu la délinquance s'effondrer, parce que quand vous apprenez à un enfant qu'on ne tape pas, quand vous lui donnez l'exemple, plus tard, il n'est pas violent. Et les prisons de Suède se vident quand les nôtres se remplissent. »

• **Les claques et les tapes abîment le cerveau.** C'est ce que Jamie Hanson de l'université du Wisconsin a étudié en faisant passer des IRM à des adultes maltraités dans leur enfance : leur cortex orbitofrontal est diminué et, avec lui, leurs capacités d'affection, d'empathie et de sens moral...

• **Quant aux châtiments corporels forts (taper avec une ceinture ou un martinet, par exemple),** ils altèrent les voies dopaminergiques (le système de motivation-récompense), ce qui peut conduire à une grande vulnérabilité vis-à-vis des drogues et de l'alcool, comme l'a démontré en 2010 l'équipe de Martin Teicher de l'université de Harvard.

Même chose pour les paroles blessantes ou humiliantes...

POUR INFO

Là où la force est employée, l'autorité a échoué. Les châtiments altèrent le cerveau, les capacités d'apprentissage, et augmentent la vulnérabilité vis-à-vis des psychotropes.

Halte à l'enfant roi

Comment fabriquer un enfant tyran ?

En le gâtant ! C'est-à-dire céder à toutes les volontés d'un enfant, le traiter avec une extrême indulgence (d'après la définition du *Petit Larousse*).

Et en faire un enfant tyran, tellement centré sur lui-même qu'il est incapable de tisser de belles relations avec les enfants de son âge…

Voici une petite chanson, tirée du film *Charlie et la Chocolaterie*, de Tim Burton (d'après un conte de Roald Dahl). Dans la chocolaterie, des écureuils sont dressés à trier les noix saines des noix pourries. Quand ils rencontrent la petite Veruca Salt, ils la jettent à la déchetterie !

« Qui donc a pourri cette jeune fille, cédant à toutes ses envies ?

Qui en a fait une vraie peste ?
Où sont donc les coupables ?
Qui sont donc les responsables ?
Mais quels dégâts !
C'est maman et ce cher papa ! »

Soyez constant

et tenez bon

C'est OUI… puis c'est NON. 20 heures : votre enfant veut les jeux vidéo ? Il vous harcèle avec ça, vous craquez : « OK, si tu veux. »

• 20 h 15, vous avez réfléchi : c'est dommage, vous n'avez pas eu le temps de vous raconter votre journée. Vous lui ordonnez d'arrêter pour passer un peu de temps ensemble… Votre trésor ne l'entend pas ainsi…

• La dispute éclate. Évitez de revenir sur vos décisions, cela génère frustrations et conflits. Votre enfant risque d'avoir du mal à vous faire confiance.

C'est NON ! Chez vous, pas de jeux vidéo après 20 heures.

• 20 heures : votre ado vous réclame « juste une petite partie ». Vous craqueriez bien pour avoir la paix ! N'en faites rien, **tenez bon !**

À force de ne pas « tenir les règles », l'autorité n'est plus respectée et les enfants apprennent à négocier à tout-va.

RÈGLE 50

Distinguez le besoin du caprice

L'autorité tranquille, c'est savoir poser des limites justes.

• **Impossible de faire un caprice avant 18 mois : le cerveau des tout-petits n'est pas capable d'imaginer un objet et de le désirer.** Les cris et oppositions manifestent des besoins physiologiques non satisfaits (faim, soif, sommeil), une perturbation des habitudes (manger ou dormir à heure fixe), une douleur ou une décharge de tension.

• **Par ailleurs, jusqu'à 4-5 ans, le cerveau archaïque domine :** l'enfant subit ses émotions qui le submergent... C'est déstabilisant pour vous mais ce n'est ni volontaire ni calculé.

• **Répondez aux besoins de votre enfant.** C'est ainsi qu'il sera apaisé et adoptera des comportements appropriés. À l'inverse, un enfant dont les besoins ne sont pas satisfaits cherchera à les combler de façon inappropriée : cris, pleurs, etc.

NE CÉDEZ PAS À TOUS LEURS DÉSIRS

Manger est un besoin, manger des frites est un désir. Dormir est un besoin, se coucher tard, un désir. Jouer est un besoin, jouer aux jeux vidéo est un désir. S'il n'est pas toujours facile de leur dire non (peur de générer une crise, de les frustrer), il est indispensable de leur apprendre la patience et la persévérance.

Dites à votre enfant que vous le comprenez sans céder : se sentir compris et aimé est aussi un besoin important à combler. D'autre part, il est beaucoup plus facile d'accepter les règles quand on se sent compris. « Je comprends que tu veuilles rester au parc car tu t'amuses bien ici, mais il est tard et nous devons rentrer. » L'enfant se dira : « Je ne peux pas rester au parc mais j'ai une mère qui me comprend. »

Pour aller plus loin, en groupe

Quand vous testerez les règles proposées dans ce livre, ne vous formalisez pas si tout ne fonctionne pas du premier coup. Cela revient à apprendre une nouvelle langue ! L'important est que vous réussissiez à vous en approprier quelques-unes et que vous vous lanciez dans leur application. C'est en tâtonnant, en vous trompant, que vous finirez par trouver les solutions qui fonctionneront le mieux dans votre famille. Ayez confiance. Soyez patient. Vous gagnerez en « autorité tranquille » !

Vous pouvez aussi suivre un atelier avec d'autres parents. De nombreux organismes en proposent. Vous trouverez des renseignements sur : latelierdes-parents.fr et humanintelligence.fr
N'hésitez pas à partager vos questions et expériences en envoyant un mail à : contact@human-intelligence.fr. **Je me ferai un plaisir d'y répondre.** Bonne route !

Bibliographie

• **Edwige Antier,** *L'Autorité sans fessée*, éditions Robert Laffont, 2010.

• **Brigitte Durruty** et **Catherine Schwennicke,** *Parents zen*, Les Éditions de l'homme, 2014.

• **Catherine Gueguen,** *Pour une enfance heureuse*, Pocket, 2015.

• **Claude Halmos,** *Dessine-moi un enfant*, Livre de Poche, 2015.

• **Françoise Kourilsky,** *L'Accomplissement personnel. Se réjouir, s'apaiser, réussir*, InterÉditions, 2014.

• **Jacques Salomé,** *À qui ferais-je de la peine si j'étais moi-même ?*, Pocket, 2013.

savoir-etre-ecole.org
latelierdesparents.fr
humanintelligence.fr

Biographie

Auteur, conférencière et coach certifiée, Nina Bataille accompagne les parents en leur proposant des clés de communication efficace et bienveillante pour créer des liens forts en famille et gagner en sérénité. Elle a fondé l'agence Human Intelligence, société membre de l'Observatoire de la parentalité en entreprise et organisme de formation.

Elle a écrit chez Larousse :

- *Les 50 phrases pour aider son enfant à surmonter ses colères*, coll. « Mini Larousse ».
- *Frères et sœurs, de la rivalité à la complicité*, coll. « Essai ».
- *Poser des limites et se faire obéir*, coll. « Les clés de l'éducation positive ».